《缙岭云霞》 陈飞胜/摄

缙云之巅

「8·21」北碚山火扑灭记

中共重庆市北碚区委宣传部 编

西南大学出版社

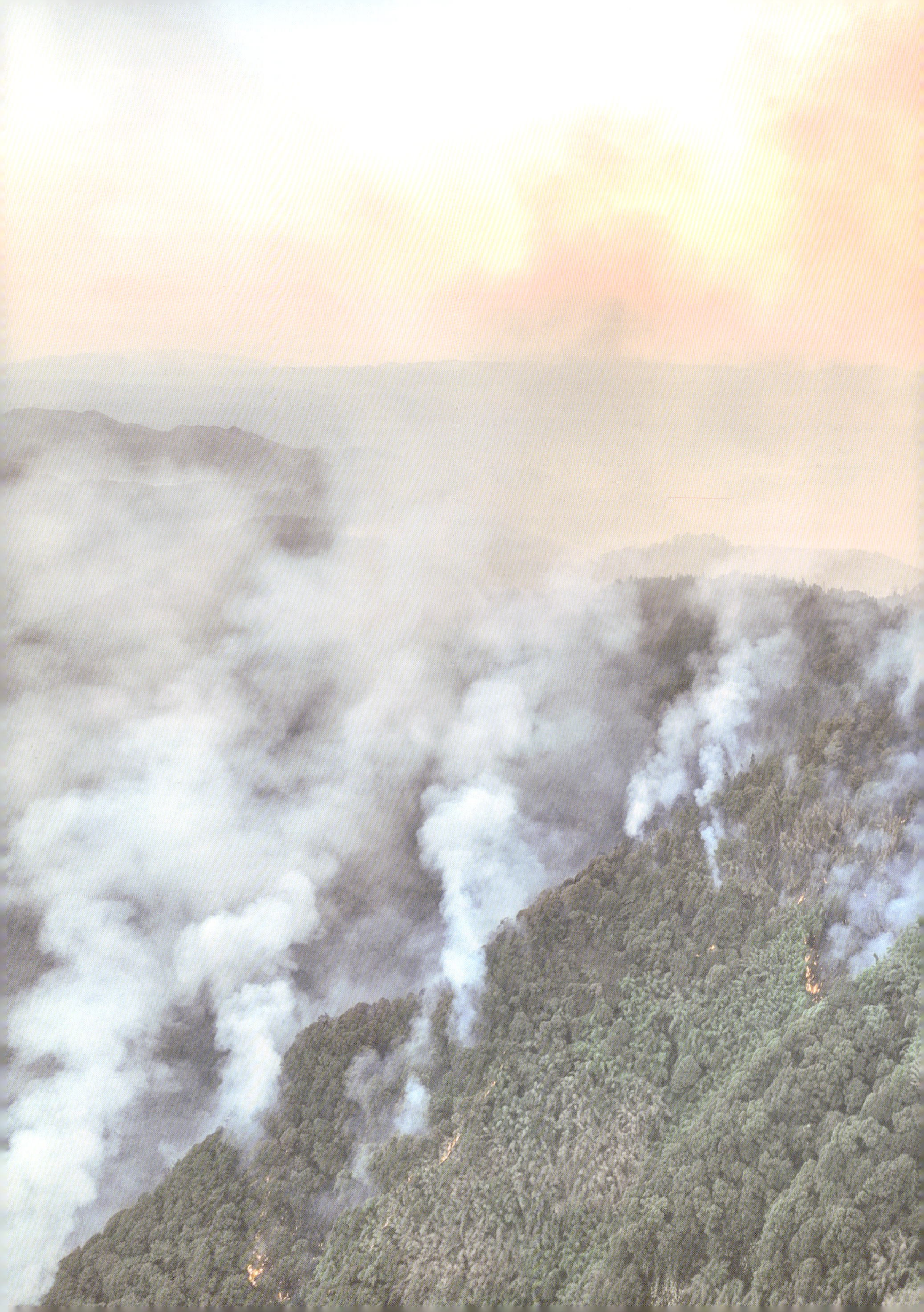

北碚的北，是背靠背的北啊
北碚的碚，是被你感动的碚啊

- 骆 鹏 -

图 王正坤/摄

Contents
目 录

序　章　　　　　／001

火起虎头山　　　／005

进军人和村　　　／021

决战挖断坟　　　／051

致敬逆行者　　　／107

情满缙云山　　　／133

后　记　　　　　／163

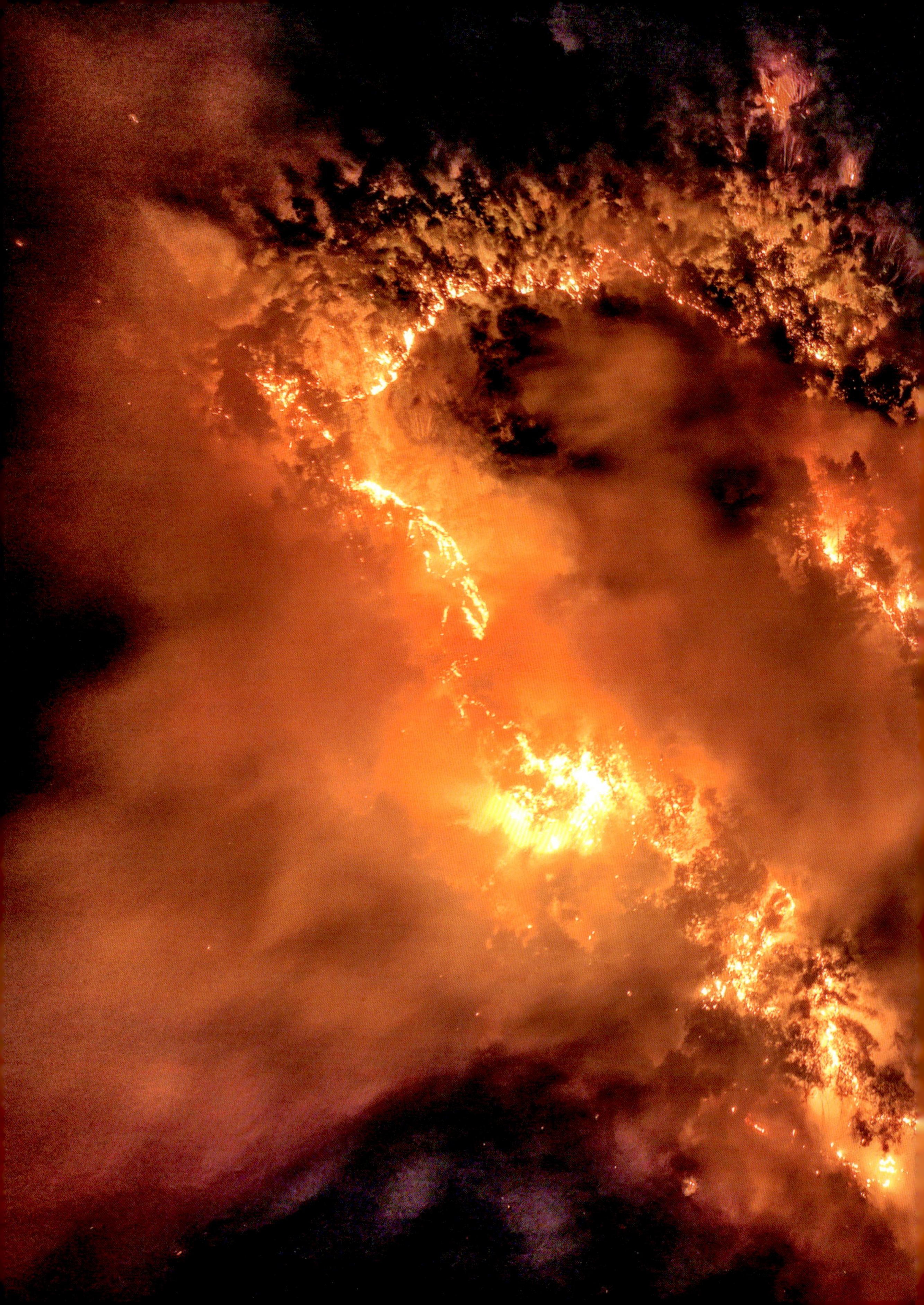

王正坤 / 摄

序　章

—

这里是北碚，是让人魂牵梦萦的地方
这片美丽的土地，用它丰富的文化与精神滋养我们
这片美丽的土地，我们一定要护她无虞

青山依旧美，缙云数九峰。

虽然坐拥重庆主城最高峰，并享有"川东小峨眉"的美誉，但缙云山并不算高。一场意外，却增加了这座山的海拔和热度，这是一种精神的高度和能量。

缙云之巅，树起新时代的情感丰碑。

众所周知，2022年8月，山城重庆经历史上罕见的高温酷暑天气，多地爆发山火。"8·21"北碚山火，牵动了全区、全市、全国人民甚至海外赤子最为关切的目光。这场扑火战斗中彰显的重庆英雄气概，在保卫缙云山之战中得到了最好的诠释和数以千计影像、诗文的最美且最感人的表达。

为什么？

青山自证：作为首批国家级风景名胜区之一，缙云山有千年古刹，有中国最早开发利用且至今泉涌不息的上好温泉，有唐诗宋词浸润的巴山夜雨优美意境，更有丰厚的抗战文化、乡建文化以及美轮美奂的生态文化与养生文化。环境保护与综合整治后的华丽蝶变，更使其迎来全国首个新时代生态文明实践中心、国家级"绿水青山就是金山银山"

马冀渝 / 摄

实践创新基地的最新标签……谁不情系于斯、牵挂于斯、心动于斯？

为什么？

北碚人民在回答："缙云山是我家，我要拼命保护她！"这是山火中的平凡英雄，当然也是数以万计的党员干部群众、消防指战员、应急救援队员、志愿者等的心声。那张火遍全网、赢得媒体广为点赞、荣膺全国大奖的"人"字照片，生动地定格、表达、塑造、升华了人山依存的生命形象。

寒来暑往，冬去春来。

山火烧灼的伤痕里，青草早已萌发。但，抗击山火的记忆永远不会磨灭。那么，记录它，珍藏它吧！这是一座山、一群人的精神档案。不是为了简单的感动，而是为了迎接它的春暖花开。

所有过往，皆为序章。

缙云山新的篇章开始了，她一定会越来越美。

火 起 虎 头 山

—

熊熊烈焰,照亮了虎头山的山头
山风骤急,火势猛烈

2022年夏季，我国南方地区出现极端高温天气，整个8月，重庆的气温几乎都在40℃以上。8月18日，重庆市北碚区气温高达45℃，这是我国自有可靠气象记录以来，首次在新疆地区之外出现45℃高温。

持续高温干旱，不仅龟裂了农田，干涸了河池，还让重庆多地突发山火：8月17日，涪陵北山坪发生山火；8月18日，南川发生山火；8月19日，江津发生山火；8月21日，巴南界石发生山火……

8月21日

8月21日22时30分许，重庆市北碚区歇马街道虎头山突发山火。山野风大，山火迅速向青木关、缙云山南北两个方向蔓延开去，一旦失控，既会威胁到山上居民的安全，也会给缙云山国家级自然保护区造成巨大破坏，危及北碚城区安全，后果不堪设想。

接到火情报告，北碚区迅速启动应急预案，北碚区应急管理局、林业局、公安分局、消防救援队、歇马街道机关人员，以及区级、各镇街综合应急救援队、武警战士、民间志愿救援队伍……迅速集结，赶往虎头山扑救，虎头村的村民也自发加入了灭火的行列。

一场注定载入史册的灭火战役拉开了序幕。

■ 虎头山位于璧山区、沙坪坝区、北碚区交汇之处，距缙云山核心区约7公里

▌山火甫起，即成熊熊之势，迅速蔓延，让人难以靠近　彭寅正 / 摄

　　山火来势汹汹，情况紧急。火情处置前线指挥部根据虎头山的地形、集结的力量和山火发展的情况，决定采取"先控制、后消灭"的策略，保住位于山火下方的民房，同时选择开挖隔离带的位置。

　　夜晚的虎头山，罡风劲吹，风助火势，山火沿山的两侧迅速蔓烧。

　　在与火魔进行了艰苦的拉锯战后，凌晨两三点时，因火势太大，山地又多悬崖断壁地势，夜间无法作业，为确保人员安全，火情处置前线指挥部及时下达暂停进攻指令，调整灭火战术。

　　前方全力扑救山火的同时，后方也在快速行动。支援救援人员的物资集散点很快堆满了物资，一夜之间，涌现出许多自发成立的志愿服务组织，他们捐款捐物，运送灭火器材，加入灭火队伍。

8月22日

经过一夜苦战，火线还是在不断拉长，向四面蔓延。

火情处置前线指挥部通宵达旦紧张地忙碌着，一边制订灭火救援作战方案，一边继续统筹调配多方救援力量，转移撤离群众，确保后勤保障，协调机具装备、运输车辆、灭火工具……，争分夺秒开展山火扑救工作。消防队员、武警官兵、市区两级综合应急救援队伍，带着专业设备，纷纷投入灭火救援工作。救援人员在不断增加。重庆航空救援总队、甘肃森林消防驻重庆队伍相继到场。

在众人齐心协力的艰苦奋战下，火势一度得到控制。然而，高温天气加上山势陡峭，有些地方人迹难至，正午时分，山火随风猛烈反扑。

山火向四面蔓延　蒋强/摄

火起虎头山

■ 重庆航空救援总队派出 4 架直升机奔赴北碚,从缙云山附近的甘家桥水库、回龙水库、嘉陵江等处取水,自空中对火点进行"精准打击"　　陈展鹏/摄

▍火情处置前线指挥部征用西南大学第三运动场、第四运动场和朝阳中学南校区操场，供直升机起降加油补给，这些直升机一天要工作至少 15 个小时，座舱内温度高达 58℃

▍共青团北碚区委组织 20 余名山城雪豹青年救援队队员前往一线参与灭火工作

火起虎头山

小虎公路虎头村入口处设置的物资集散点堆满了物资,为山火救援前线提供了有力的物资保障　　北碚应急在线 / 图

　　为方便给救援人员提供物资,北碚区沿缙云山脚,从南至北,设立了歇马街道、缙云新居、三花石游客中心、青少年活动中心等物资集散点。许多居民小区自主发起了募集活动,救援所需物资源源不断送到各物资集散点。

　　要将这些物资顺利送到火场救援前线,并非易事。山路狭窄陡峭,普通汽车根本开不上去,于是,越野车和摩托车便成了运送物资的好选择。听到需要摩托车运送物资的消息,很多摩托车骑手马上加入了物资运送队伍。他们奔驰于崇山峻岭中,一次次冲向陡峭的山坡,为运送物资立下了汗马功劳。山中还有许多地方根本没有路,摩托车也上不去,志愿者们便组织起来,一背篼一背篼地背着物资徒步前行。

北碚区歇马街道虎头村,市民自发组织的摩托车队正在为火场救援前线运送救援物资和人员
重庆日报报业集团记者 龙帆 / 摄

村民、志愿者用镰刀、砍刀、木工锯伐树劈竹，硬是一点点"啃"开了茂密的树林

巾帼不让须眉

▎越来越多的民兵、志愿者汇集到隔离带　　蒋强/摄

　　首先开挖的隔离带，从高家岚垭开始。凌晨5点，晨光熹微，隔离带的挖掘工作就开始紧张进行。要在荆棘丛生、林木茂密、山陡坡峭、人迹罕至的山上，迅速开辟一条足够宽的隔离带，谈何容易！需要以人力先行砍倒树木，挖掘机才能跟进挖出树木的根部，确保隔离带上寸草不剩，不为山火留下燃料，并平整大块凸起的山地，为后续救援队伍开路。

　　中铁十四局的八台挖掘机首先到达挖掘点。

　　砍伐隔离带需要大量人手。征召志愿者到山中开辟隔离带的消息在朋友圈里转发，就像吹响集结号。村民、民兵、志愿者携带着砍刀、木工锯、斧头、油锯纷纷奔赴火场。

▌与山火比速度，挖掘机在紧张作业，开辟隔离带　　北碚应急在线 / 图

▍救援人员向林木喷水降温，减缓山火蔓延　　北碚应急在线 / 图

▍救援人员动作娴熟，一面注意脚下，一面对准林木喷射　　北碚应急在线 / 图

山火向隔离带逼近　蒋强 / 摄

018　缙云之巅——"8·21"北碚山火扑灭记

8月22日21时，一条1000米长的隔离带已赫然显现。这条隔离带对阻击山火、保护居民起到了很大的作用。由于挖到了悬崖绝壁处，隔离带的挖掘工作无法继续推进。8月23日凌晨，一度被拖住了脚步的山火悄悄绕过隔离带，将火舌伸向悬崖处的树木，然后疯狂地向缙云山方向扑去。

进 军 人 和 村

—

中国人民解放军陆军官兵紧急赶赴北碚,进山增援换防
重庆市消防救援总队、江北区综合应急救援队、
重庆市专业应急救援队渝东北支队……
兄弟区县的救援队以最快速度赶来

8月23日20时的山火　　廖浩然/摄

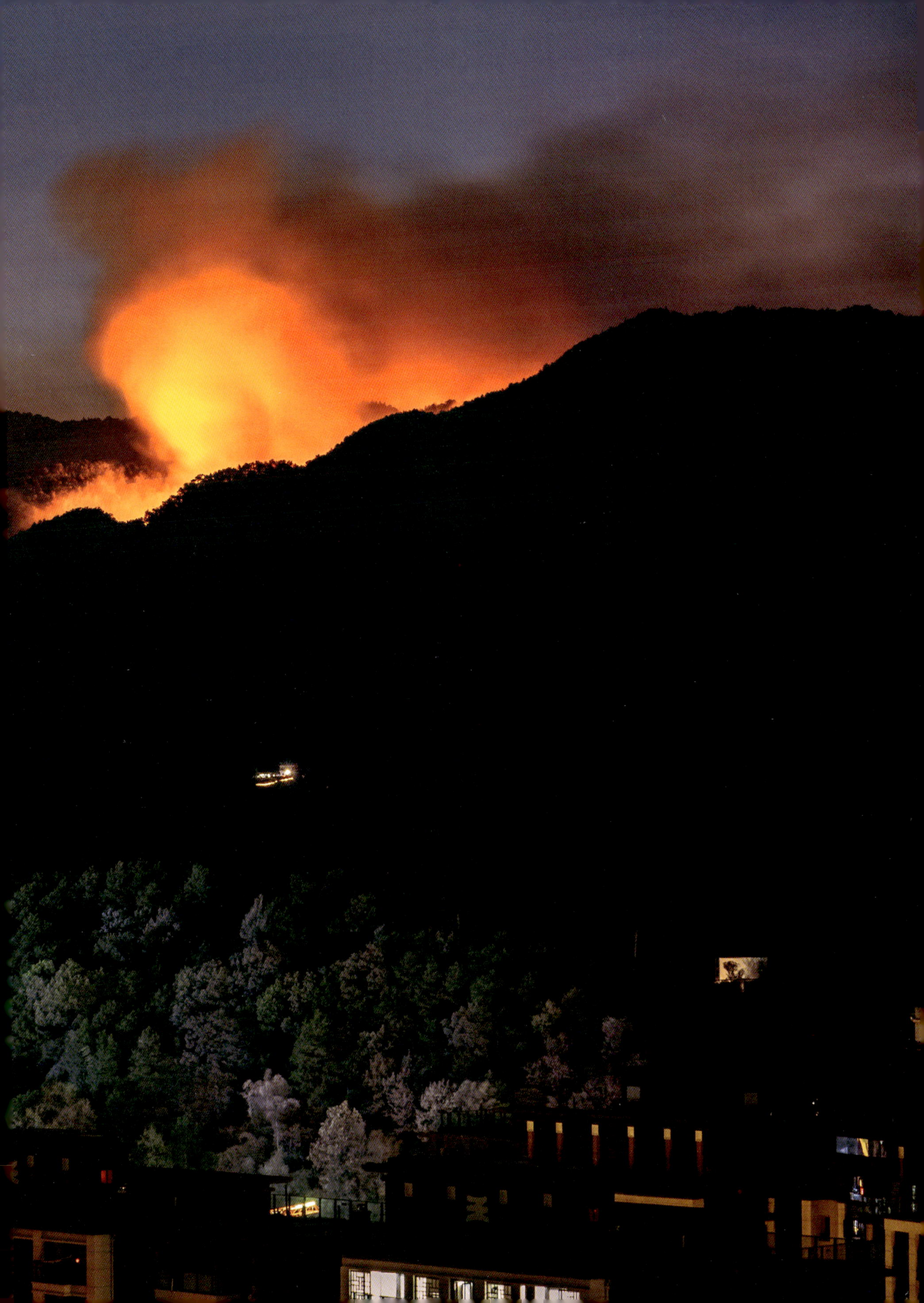

8月23日

绕过隔离带烧向缙云山方向的山火以1米/分的速度推进，8月23日下午，火线南侧已延烧至人和水库旁。日益严峻的火情牵动着每一个人的心。

歇马街道紧急组织疏散火场附近的村民，转移重要设施，保证了火场区人民群众生命财产安全，确保了重要设施无损毁。

重庆航空应急救援总队的4架直升机不停地将一桶桶水砸向火头。

中国人民解放军陆军官兵紧急赶赴北碚，进山增援换防。

重庆市消防救援总队、江北区综合应急救援队、重庆市专业应急救援队渝东北支队……兄弟区县的救援队以最快速度赶来。

志愿者从四面八方向缙云山方向集结。

山上，武警、消防指战员、应急救援人员，齐心协力，团结协作，共战山火。

山下，各物资集结点有序地组织着后勤服务、物资调度、志愿者调配。

志愿者微信群、社区微信群、小区微信群、楼栋微信群、同学微信群都在关注北碚山火救援情况，关注山火救援发出的需求信息。"需要油锯""需要油锯手""需要背包""需要摩托车骑手"……只要有需求消息发出，马上就得到响应与满足。

短信截图

截图1：
155 2345 ****
重庆 联通
8月23日星期二

你好 我是李军伟 两年前刚从西大毕业 现在在大学城这边工作 属于低风险地区 请问现在还需要男性志愿者 砍隔离带不 是联系不不

+86 136 0833 …
重庆 移动
8月23日星期二

想赠送点物资过去，包括胶鞋和手套等
10:40

+86 159 2276 …
重庆 移动
8月23日星期二

老师您好，我是北碚附近人员，看到火情，但不能前来添乱，想捐点款表示心意，请问是否可以提供下帮助本次扑火公共捐款的帐号？

+86 180 8980 …
海南海口 电信
8月23日星期二

现在是否需要志愿者砍防火带？地址是歇马 ****？我是部队的，正在休假，随时能到

+86 180 8849 …
云南昆明 电信
8月23日星期二

老师你好，我会用油锯，以前在部队参加过山火扑灭，有需要的话，我到哪里来集合
10:54

截图2：
132 2406 ****
重庆 联通
8月23日星期二

打不进你电话，回一个，我们两个人，两个摩托，绿码。住联芳桥街道，连续7个核酸是绿码

+86 134 5289 …
重庆 移动
8月23日星期二

李春，男，47岁，中共党员，不知道你们还要砍隔离带的志愿者不？
11:02

185 8006 ****
重庆 联通
8月23日星期二

老师您好！
姓名：曾国豪
性别：男
年龄：29
家庭住址：重庆市渝北区中渝梧桐郡
联系电话：***********
退役军人，在部队期间参与过山火扑灭救援，并参与过灭火各种器械使用培训。报名志愿者，如有需要请回复我！
11:03

166 2301 ****
重庆 联通
8月23日星期二

企业单位：社会人士
姓名：高子灿
电话：***********
有参与山火救援志愿者经验
11:04

截图3：
191 2218 ****
重庆 电信
8月23日星期二

还缺志愿者么，家在九龙坡区巴国城，30岁退伍军人

+86 138 0831 …
重庆 移动
8月23日星期二

你好 请问救火怎么报名 我是退伍军人 想做点实事

185 8034 ****
重庆 联通
8月23日星期二

还需要人来砍隔离带吗？上面有没有油锯，把车开在哪里？座摩托上去吗

+86 136 2844 …
重庆 移动
8月23日星期二

申请志愿救火，邹宗钢，男19岁 共青团员身体健康我愿负重前行，阻挡山火蔓延。双码正常

185 2309 ****
重庆 联通
8月23日星期二

你好，需要充电宝吗？我们可以捐十个
11:16

截图4：
+86 138 9658 …
重庆 移动
8月23日星期二

需要灭火志愿者不？我是武警退伍军人，40岁

+86 177 7567 …
湖南邵阳 移动
8月23日星期二

还需要越野摩托吗 需要马上上来
11:15

+86 134 5240 …
重庆 联通
8月23日星期二

两个

+86 187 2596 …
重庆 移动
8月23日星期二

还需要灭火器不呢，公司有2-30个
11:09

老师。你好。我们西大的同学，都是青壮年哈。都是绿码 砍隔离带一点问题都没有哈 期待可以加入哈。打电话 一直占线哈

+86 136 0827 …
四川广安 移动
8月23日星期二

您好！我是岳池义工银城应急救援队的负责人，我们准备过来支援，想跟您对接一下相关事宜，知道您很忙，电话一直占线。看还有其他人可以联系吗？

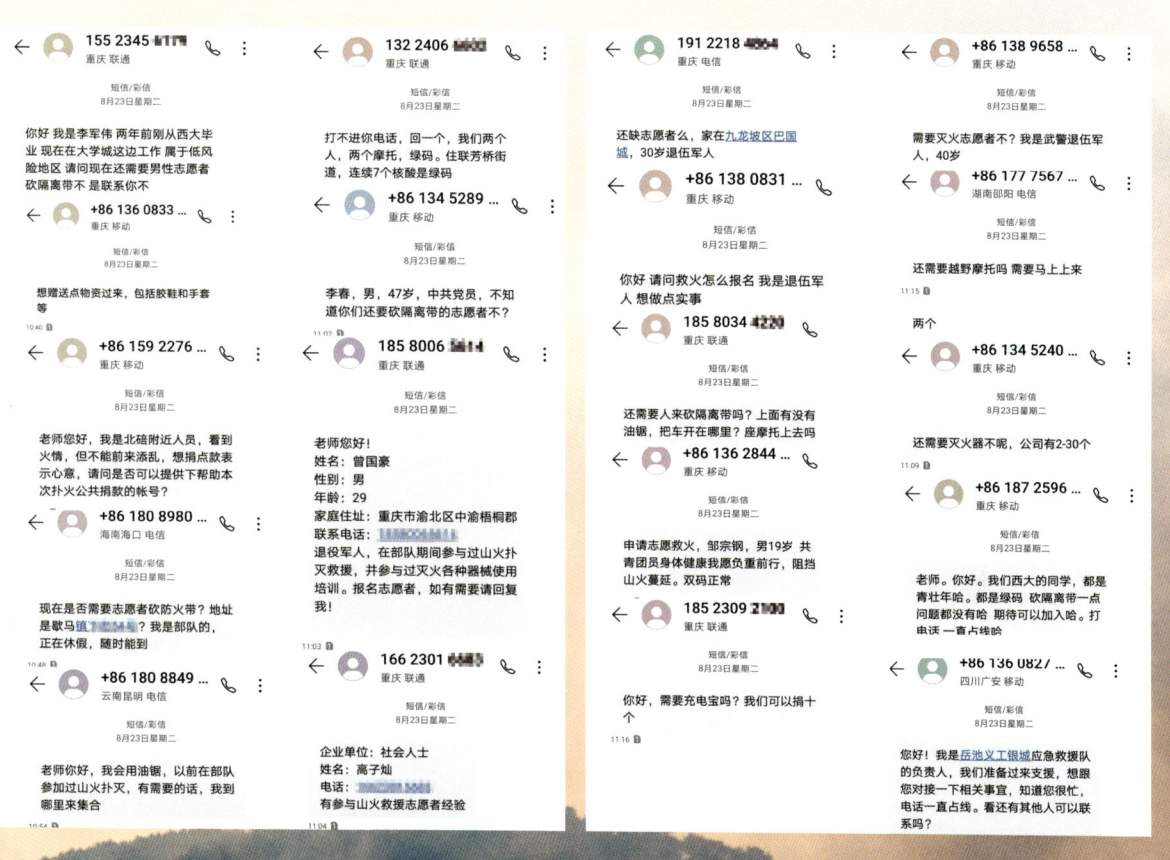

人们通过各种方式为山火救援出力。有的捐款，有的捐物，有的打电话要求去砍隔离带……他们之中，有共产党员，有普通群众；有退伍军人，有专业救援队；有学生，有教师；有快递小哥，有公司老板……一条条短信，就是一颗颗滚烫的心

■ "我会用油锯""我是退伍军人""让我去！""我可以去！"　　王正坤 / 摄

进军人和村

▎火场救援前线，最高温度达 70 ℃以上。志愿者将藿香正气口服液等药品放在最显眼的位置，以便随时送到救援人员手中　　刘霁虹／摄

救援人员把矿泉水浇在头上降温，驱赶疲劳　　李继洪 / 摄

一双双手，缔结成一道固若金汤的长城。人民，是救援人员最坚强的后盾　　黄鑫 / 摄

志愿者们化作"传送带"在接力传送物资上山　　李定其/摄

进军人和村

为确保救援人员、灭火志愿者随时能够喝上冰镇饮料，志愿者加紧搬运冰块　　刘平／摄

道路交通管理员在反复叮嘱大家，一定要注意上山安全，尽快把物资送上去　　刘平/摄

青年志愿者刚刚从火场撤离下来，立马有人为他送上一碗冰镇绿豆粥　　刘平 / 摄

■ 山火告急，志愿者们紧张转运急需的灭火器材　　刘平 / 摄

■ 挂上背篓的摩托车志愿者加紧将灭火器材装进背篓　　刘平 / 摄

北碚区歇马街道人和村自发组成的越野摩托车队承担了最后几公里的艰难运输,飞奔在50多度的陡峭山路上,每一趟上山都要背上25公斤左右的物资　重庆日报报业集团记者 万难/摄

■ 越野摩托车队装好消防水带准备出发　　重庆日报报业集团记者 万难/摄

山上山下，摩托车尘土飞扬呼啸往返。普通摩托车攀爬能力受限，就在各个点绑着救援物资往更高处的中转站送，运人载物；越野摩托车手背着背篓，带着灭火器、头灯、油锯、毛巾、盒饭、冰块，在崎岖颠簸的山路上狂奔。年轻的骑手不舍昼夜，满面尘土的脸上写满使命；稚嫩的皮肤，被火场的高温烫得通红；有力的双腿，在崎岖的山路上磕碰得伤痕累累。

进军人和村

这位摩托车手运送物资的背影,被网友称为最美背影　　重庆日报报业集团记者 万难 / 摄

进军人和村

▎龙杰，外号龙麻子，是众多志愿者中的一员。为了救火，他骑着攒了三个月工资才买来的新摩托，毫不犹豫地冲进了火场。像龙杰这样的志愿者还有很多，他们是山城骑士，是响当当的重庆崽儿、重庆妹子！

▎人和村，骑手正擦拭挡住视线的尘土和汗水　　重庆日报报业集团记者 万难 / 摄

▎驾驶摩托车的小伙子摔倒了，在众人扶起来后又继续驾车前行
　重庆日报报业集团记者 万难 / 摄

▎女骑手载上志愿者向火场冲去　　王格 / 摄

进军人和村

运送物资的志愿者　冯平 / 摄

志愿者运送救援人员和物资上山　　冯平 / 摄

挖掘机正在挖百米宽的挖断坟防火隔离带　重庆日报报业集团记者 龙帆 / 摄

8月23日19时许,山火蔓烧至人和村薄巴山至城门洞一带,而缙云山国家级自然保护区正位于薄巴山东北方向,近在咫尺,中间仅仅隔着马鞍山。

为了有效阻断山火,必须提前挖一条新的隔离带。这条新的隔离带,必须在离山火2～3公里处开挖。经过仔细勘察,火情处置前线指挥部发现挖断坟位置合适,这里离火场有一定距离,地形地貌适合挖隔离带,翻过山顶,又能和璧山的一条现成公路相连,有利于隔离带的全线贯通。12时15分,新隔离带的位置选定,14时,挖断坟隔离带正式开挖。得知消息,油锯手陆续赶到,傍晚,已有约200名油锯手赶到现场,接受培训,与挖机相互配合。听说需要油锯,一位叫刘丹的志愿者马上捐了120把。同时,直升机加紧打火头,尽量为隔离带的挖掘争取时间。

8月24日

山火还在不断推进、扩大。

24日白天，火线离缙云山仅剩不到三公里。北碚城南方向，浓烟蔽日，所有人的心都被揪得很紧很痛。一定要保住缙云山！一场与山火的决战正在紧张地准备中。

灭火器、水袋、水泵已经到位。

关键时刻，云南森林消防总队到达，给灭火战役增加了战斗力。

北碚人民用最周到、最贴心的方式，表达他们的感激之情。为了让云南来的消防指战员保存体力，骑手们用摩托车一个一个将他们送到山上；一位叫廖育勇的北碚市民，买了300支雪糕送到山上。外地来驰援的消防人员说，这次来北碚灭火，他们经历了太多的第一：

第一次在40多摄氏度的高温天气灭火；

第一次坐摩托车上山灭火；

第一次在灭火现场吃到雪糕；

第一次在灭火现场有冰砖降温；

第一次有数千名志愿者作为后备……

大火向缙云山逼近,"火线"不断扩大　　王正坤/摄

进军人和村

山火向缙云山方向扑来，一场与山火的决战即将开始　　廖浩然 / 摄

进军人和村

决战挖断坟

一

缙云山保住了!
我们胜利了!
人群的欢呼声在山间久久回荡
像一曲雄壮的赞歌

部分地段，挖掘机将挖斗换作破碎锤，凿碎大块顽石后再清理平整　樊茂/摄

挖断坟：相传清朝时期，这里有一座坟墓，后被盗墓者挖断，因而得名。此时，这里是背水一战，与山火一决高下的战场。

8月25日

0时，北碚青年志愿者协会发布《致参加山火扑救行动志愿者的倡议书》，10900多名符合条件的青壮年闻讯而来。

云南森林消防总队指战员在山火现场浴血奋战。

重庆航空救援总队协调多架直升机增援。

重庆气象部门实施人工降雨，帮助控制火势。

一直在山上坚守的各应急救援队伍随时听命。

一批批新到的应急救援人员、志愿者在山下集结待命。

倡议书

各志愿服务组织，广大志愿者朋友：

　　北碚区歇马街道虎头村突发山火灾情以来，社会各界、各志愿服务组织和广大志愿者倾情奉献、连续奋战，为扑火救援行动高效有序推进汇聚起磅礴力量，谱写了一曲令人感佩、可歌可泣的志愿者之歌。在此，向广大志愿者朋友致以崇高敬意和诚挚问候！

　　当前，扑火救援行动正处于决战决胜的关键时刻，为更加规范有序、精准高效地服务扑火救援行动大局，我们倡议：

　　一、根据扑火救援行动需要，现招募18岁－40岁之间、身体健康、持有健康码绿码的志愿者，主要参与物资转运和现场秩序维护等志愿服务。报名者请加入QQ群"北碚青年志愿者协会山火救灾志愿者群"。联系人：杨老师，联系电话：19112106056。

北碚青年志愿者协会
山火救灾志愿者群（QQ群）二维码

　　二、为规范秩序、提高效率、确保安全，本次招募的志愿者将发放并佩戴统一标识，凭标识进出管控区域。我们将竭诚为大家做好服务。暂未被招募为志愿者的，建议关注"青春北碚"微信公众号动态招募信息，在被招募为志愿者后再参加志愿服务。

　　三、切实强化安全意识，自觉遵守疫情防控规定和安全要求，落实个人安全防护措施，在指挥部统一调度指挥下，做力所能及的工作，注意调整作息时间，确保自身安全。

　　四、扑火救援志愿服务结束后，按照北碚区青年志愿者协会的统一安排，有序退场，确保秩序。我们将继续保持联系，做好后续有关工作。

　　山火无情，碚城有爱。在这场人与火的较量中，让我们在救灾指挥部统一指挥调度下，高效有序、密切配合、真情奉献，为夺取最后胜利而共同努力。

北碚区志愿者协会
北碚区青年志愿者协会

▌北碚区志愿者协会根据火情处置前线指挥部要求，招募组织志愿者参与清理隔离带、物资筹集和转运、巡山等任务

▌深夜，仍有大量志愿者前往志愿者联络服务站报名

决战挖断垭

挖掘机在狭窄的山脊上作业,开辟隔离带的最后一段　　王正坤/摄

经过连续奋战，从挖断坟到八角池的防火隔离带宣告连通，这条隔离带将对最终的胜利起到至关重要的作用。此时，山火离隔离带仅有两三百米远。

灭火直升机加大了作业频次　　陈远鸿 / 摄

决战挖断坟

无人机勘测火场

区农业农村委组织专业农用无人机飞撒阻燃剂，队员在给无人机加注阻燃剂　　刘霁虹 / 摄

消防特种车辆上电脑屏幕显示的火场一带的地形地貌　　孔林 / 摄

■ 云南森林消防总队指战员在为执飞前的特种飞机做最后检查　　孔林 / 摄

■ 朝阳中学操场上，气象工作人员在发射人工增雨弹　　孔林 / 摄

战士们急行军,准备发起总攻,扑灭山火　刘驰/摄

战士们人手一根森林灭火胶扫把,准备进入火场,与山火进行最后的搏斗　　孔林/摄

朝阳中学外,应急救援队伍集结,准备上山

决战挖断垇　063

■ 缙云"沂蒙颂"。女志愿者为赴山火前线的作战人员提前穿好鞋带　　王咏梅 / 摄

■ "管水"员　　杨学兰 / 摄

朝阳中学路段，交警在人群聚集区域维持秩序　　明俊雄 / 摄

■ 沉甸甸的灭火器就位　　孔林 / 摄

■ 随时待命的医护人员　　刘驰 / 摄

■ 大量喷雾器到位　　孔林/摄

决战挖断坟

城南朝阳中学志愿者集结点，摩托大军早已在集结待命　　刘驰/摄

决战挖断坟

摩托车骑手运送应急救援队队员冲向灭火现场　　刘平 / 摄

摩托车骑手将背着设备的救援人员从公路口送至难行的山脚　　杨世兰 / 摄

26号骑手龙杰运送应急救援队队员冲向灭火现场　　刘平 / 摄

决战挖断坟

▎全地形车，可以爬陡坡，在挖断坟防火隔离带上，可一次性运输更多物资　　　杨世兰／摄

▎突然变得拥挤的道路上，物资来不及捆扎，志愿者左手抱住骑手，右手直接抓住了捆扎带　　　杨世兰／摄

▍冰块可以快速地给救援人员降温，避免被灼伤，防止中暑　　杨世兰/摄

挖断坟山脚,摆满了油锯

挖断坟防火隔离带，机关干部、职工、党员、群众各方志愿者组成人链传递物资　　重庆日报报业集团记者 龙帆/摄

众志成城,开辟隔离带　　王正坤／摄

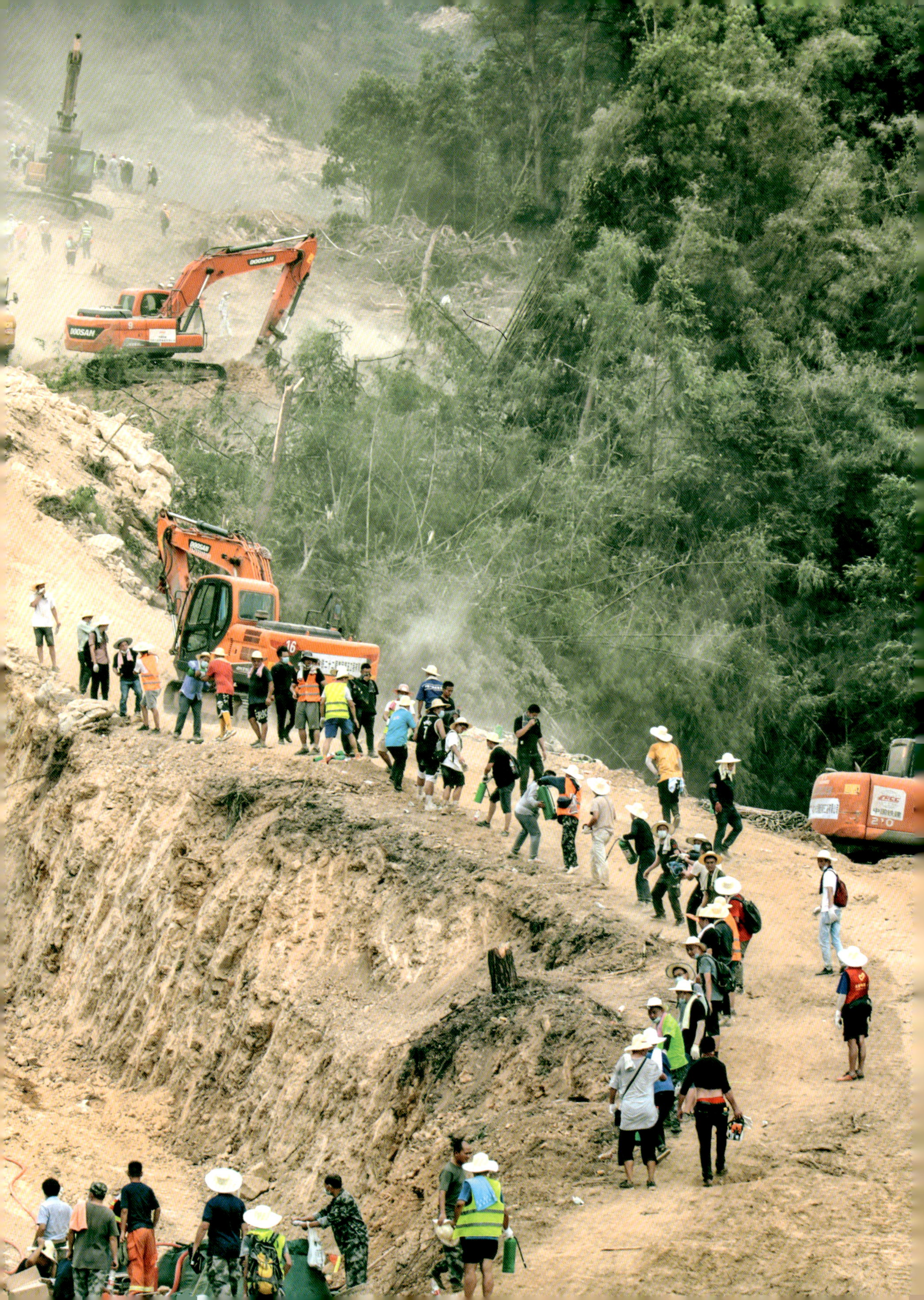
DOOSAN

志愿者克服一切困难，向陡峭的山顶运送物资　　王正坤 / 摄

080　缙云之巅——"8·21"北碚山火扑灭记

▍摩托车和全地形车成为此次"山火战役"的主力车型　　王正坤 / 摄

▍到达山顶的志愿者脸上露出了微笑
　王正坤 / 摄

决战挖断坟　　081

■ 增援山顶的战士和志愿者行进在道路险峻的隔离带

■ 一面旗帜就是一块阵地，特警支队队员全面布防　　王祥丰 / 摄

082　缙云之巅——"8·21"北碚山火扑灭记

■ 重庆市北碚区山城雪豹青年救援队队员前往八角池现场

挖断坟防火隔离带，志愿者组成传递物资的人链　　重庆日报报业集团记者 龙帆／摄

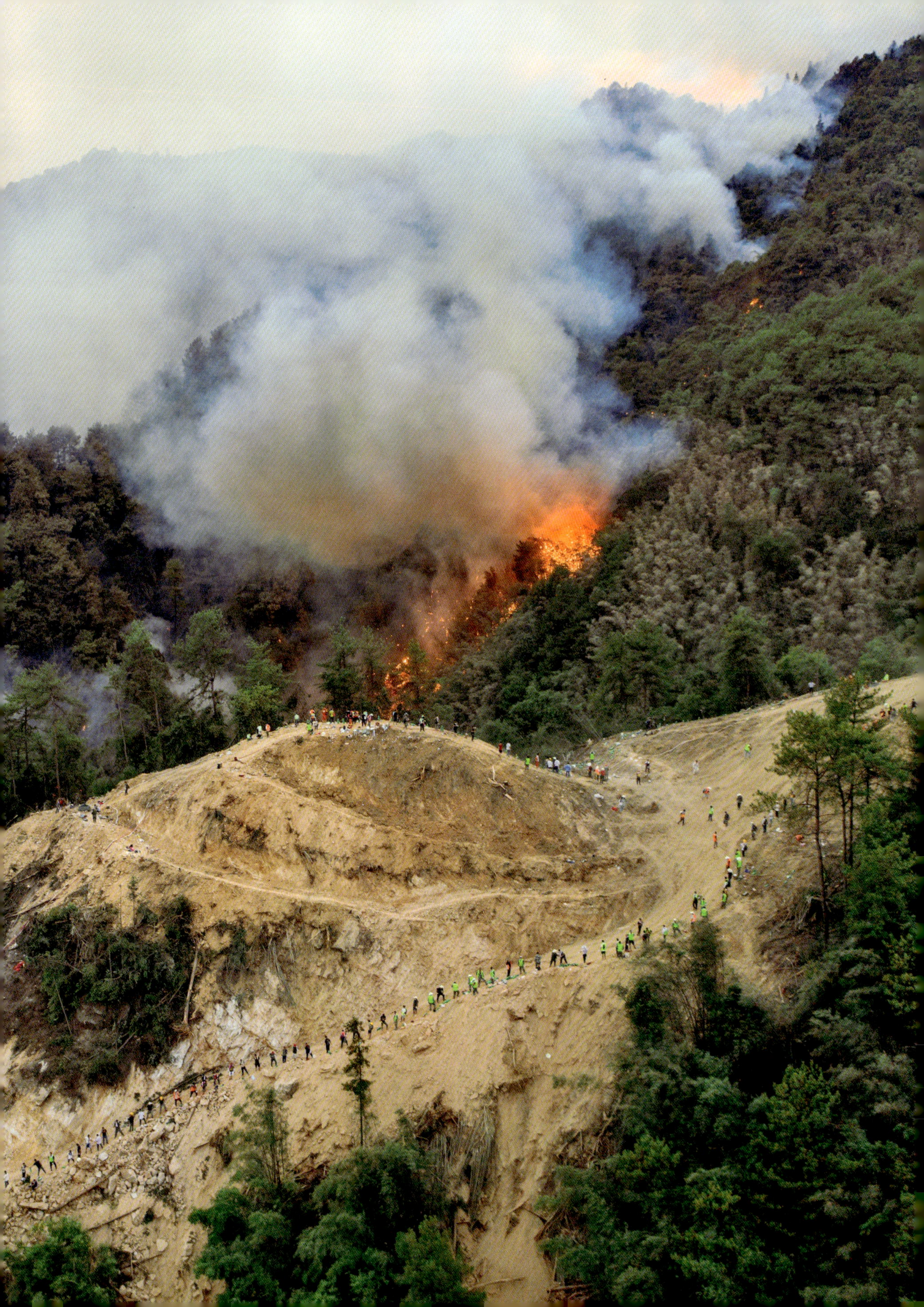

山火直逼隔离带　姚中明/摄

■ 在山顶的观音岩，志愿者与"火魔"抢时间，啃下最后一块硬骨头　　王正坤 / 摄

俯瞰隔离带　秦廷富 / 摄

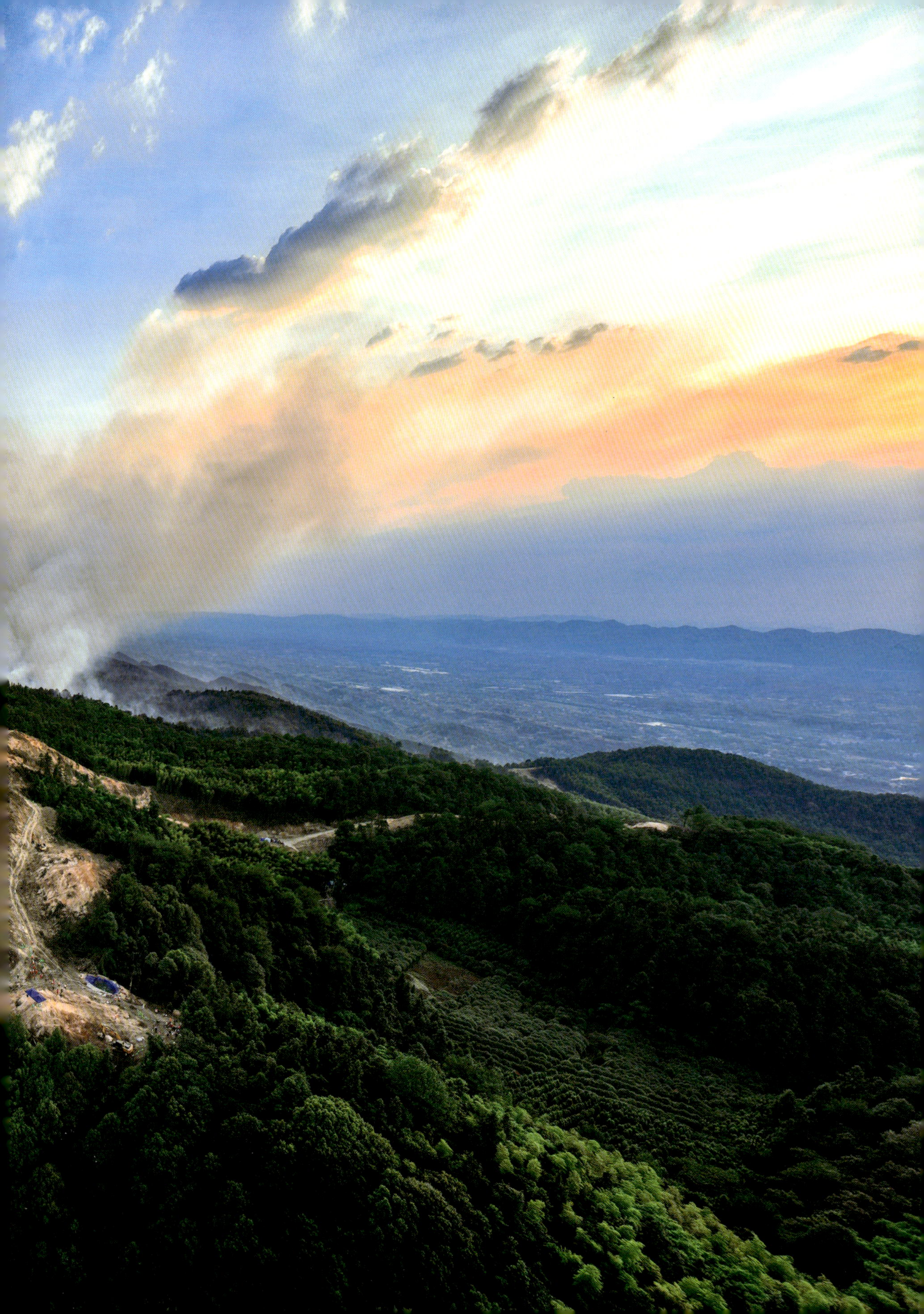

一大批志愿者准备加入隔离带人肉防火墙，隔离带已经是灯火长城　刘平/摄

上阵父子兵，山火决战之夜，来自北碚嘉茵苑的刘效青父子俩相互鼓励，一起参加灭火战斗　余梅/摄

夜间的隔离带，灯火通明，从山脚到山上，人们都在紧张地忙碌着　王正坤/摄

根据北碚区气象局提供的资料，8月25日晚挖断坟一带将会有2个小时以上的偏东风。经过研判，火情处置前线指挥部做了一个谨慎而大胆的决定，在8月25日晚上采用"反烧法"（以火攻火），在隔离带边彻底消灭来势汹汹的山火。

在隔离带上，一条约2000米长的消防水带已铺设完成。水带沿线，每隔一米站着一个人，如同守护婴儿一样，守护着珍贵的水带；另挖出十余个大小不等的水池，池中蓄满了水；各点位消防水枪架设完毕。

应急救援人员、消防指战员、武警战士、民兵、志愿者……依序按照安排就位，组成人墙，接龙传递了上万只水基灭火器。

为了拖住山火，为发起总攻争取时间，无人机一趟一趟地向未着火的树林撒下阻燃剂。

晚上8时左右，山火扑向隔离带。老天似乎也被人间这血肉长城所震撼，也被这四天五夜的人间真情、英勇精神所感动。偏东风如约而至，吹向山火。此时，直面熊熊火焰，所有救援人员没有一丝畏惧。此时，山下的群众都屏住了呼吸。指挥员的命令响起："为了保护缙云山，请向歇马方向，点火！"

志愿者们用接力的方式，将灭火器、头灯等物品，运送上山　　冯平／摄

夜间烧得更旺的山火　姚中明 / 摄

决战挖断坟

缙云之巅——"8·21"北碚山火扑灭记

救援人员反向点火

挖断坟防火隔离带,救援人员正在灭火　　重庆日报报业集团记者 龙帆 / 摄

决战挖断坟

挖断坟防火隔离带，救援力量正全方位对山火进行扑救　　重庆日报报业集团记者 龙帆／摄

决战挖断坟

山火前方为头灯组成的长城　　重庆日报报业集团记者 周瑄／摄

灯光长城　　重庆日报报业集团记者 周瑄 / 摄

救援人员在上百米高的火焰下紧张地忙碌着　　云南森林消防总队 / 图

重庆市北碚区山城雪豹青年救援队队员与火搏击的场景

远眺缙云之巅　重庆日报报业集团记者 周瑄 / 摄

挖断坟靠歇马方向隔离带处首先点火，一举成功。这给了所有救援人员极大的信心。22时左右，指挥部下达在山顶点火反烧的命令。火与火的碰撞，霎时撞出了上百米高的火焰。巨大的火墙与人墙的头灯交汇，形成了一个大大的"人"字，在天地间闪耀着夺目的光芒。紧接着，火焰化为满天金星，消散于深黑的夜空。

　　23时，山火全部熄灭，缙云山保卫战取得了决定性胜利。

　　"缙云山保住了！""我们胜利了！"人群的欢呼声在山间久久回荡，像一曲雄壮的赞歌。

致敬逆行者

—

8月26日这天早上的日出
一定是缙云山最美丽的日出
山下，城市在安睡中醒来，不再有火魔的威胁

▌明火扑灭后，救援人员在查找余火　　王祥丰 / 摄

▌两名救援人员眺望着自己的家乡，无比欣慰　　齐岚森 / 摄

　　8月26日这天早上的日出，一定是缙云山最美丽的日出。

　　山下，城市在安睡中醒来，不再有火魔的威胁。

　　山上，还有很多救援人员守护着这座美丽的山，这座美丽的城。他们仔细地检查着余烬，防止死灰复燃。连缙云山地层中的煤矸石，也用水浇了又浇。

明火扑灭后,连续奋战的消防指战员已疲惫不堪,在火场边就地休憩一会儿,坚守阵地,严防复燃　　蒋强/摄

　　还有很多志愿者留在了山上,他们心疼这座山的创伤,一处一处地捡拾着火劫之后的垃圾,就像孩子细细为母亲清理伤口,希望让她早日恢复洁净葱郁的样貌。

　　更多的人回到了平常的生活中,但他们的心还牵挂着那些在山火中一起奋战的"兄弟伙"。

致敬逆行者

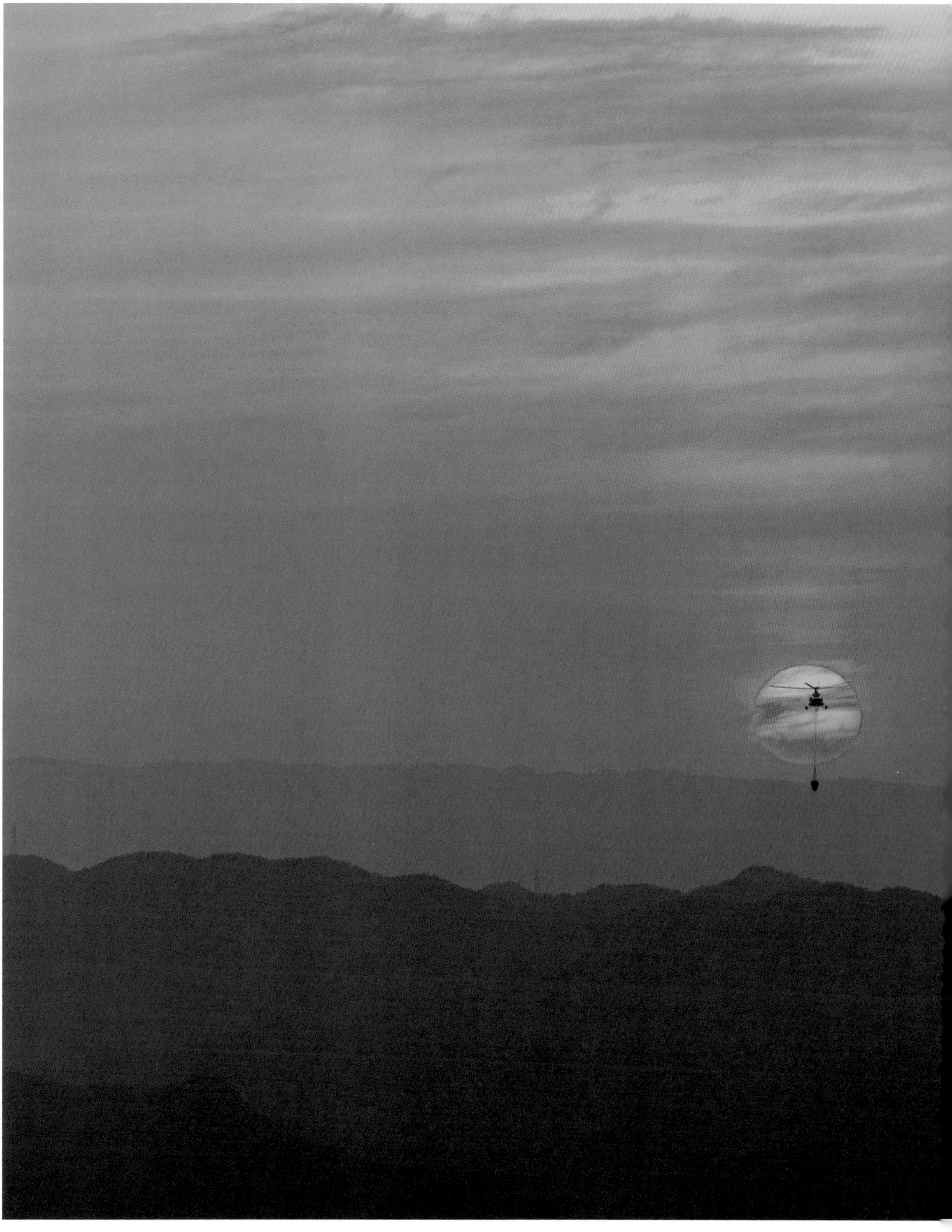

一架灭火直升机迎着朝霞起飞，奔赴清理余火现场
陈林 / 摄

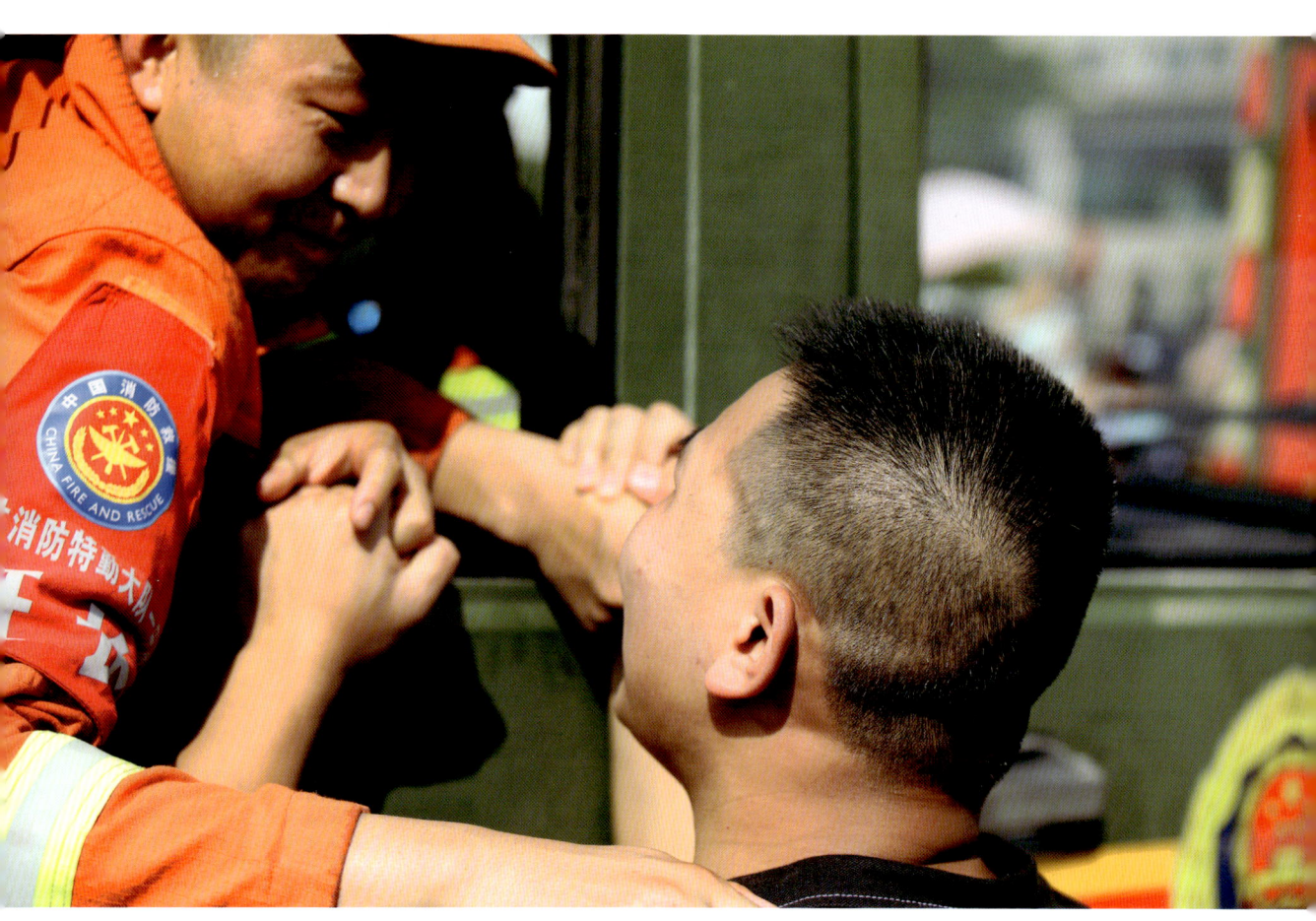

▎退伍八年的万家乐前来送别战友　　刘霁虹 / 摄

　　云南森林消防的指战员要走了，这两天的生死与共，让北碚人民心中充满了不舍。临行前，北碚人民自发前来送行，他们把消防指战员乘坐的车辆围得水泄不通，火锅底料、西瓜、矿泉水……凡是能表达他们心意的物品，一一塞进消防指战员的车里。嗓子喊哑了，泪水总是不听话，以后常来吧，北碚人民一定要好好招待你们。

　　甘肃消防的指战员也要走了，一名男子将一封感谢信送到兰州的甘肃省森林消防总队门口，想请一线指战员吃一顿火辣辣的重庆火锅，以此表达对消防员在重庆守护自己家园的敬意。

　　不断有北碚市民到公安局、应急局、消防救援总队慰问救援的指战员，对他们为保卫缙云山付出的心血、汗水表示感谢！

　　还有那些来自社会各行业的志愿者，他们为北碚流下了最珍贵的汗水。

　　他们值得我们致敬！

消防指战员与前来送别的群众握手告别　　颜丁/摄

消防指战员向群众比心

致敬逆行者　113

送行的市民向归队的灭火英雄竖起大拇指　　蔡滨 / 摄

为英雄点赞

114　　缙云之巅——"8·21"北碚山火扑灭记

■ 居民将消防指战员紧紧拥在怀里　　冯爽 / 摄

孩子们用自己的绘画致敬英雄

116　缙云之巅——"8·21"北碚山火扑灭记

送别群众向英雄比心

致敬逆行者

向英雄敬礼　刘霁虹 / 摄

耄耋老人手持国旗欢送英雄

黄鑫 / 摄

王飞 / 摄

致敬逆行者　121

杨跃 / 摄

重庆市北碚区歇马街道，在圆满完成森林火灾扑救任务的最后一批武警重庆总队机动支队官兵撤离归营之际，众多市民自发来到路旁欢送　　王胗 / 摄

张娅秋 / 摄

孙晓清 / 摄

致敬逆行者

■ 为防止余火复燃,摩托车骑手正在装载灭火器准备送上山去　　颜丁 / 摄

山火之后，北碚市民自发结伴，上山清理灭火留下的垃圾，呵护他们心中的那片绿，守护这一方水土的宁静。他们相约，来年的春天，要一起去山上种树。

▎清理垃圾的志愿者　　文国量 / 摄

致敬逆行者　　127

128　缙云之巅——"8·21"北碚山火扑灭记

山火之后,成千上万的志愿者上山清理垃圾 王正坤/摄

火攻之后，从山顶到半山的灭火器被志愿者源源不断地运送到收集点
王正坤 / 摄

130　缙云之巅——"8·21"北碚山火扑灭记

致敬逆行者

情满缙云山

—

2022年8月火一样的重庆
多少故事在流传，多少热泪在飞奔
江湖人间的一股英雄气
烈火前挺立的缙云山又做了一次见证

巴山剪影（节选）

徐刚

大火与背篓

八月，重庆连续高温，夜晚
巴山传来了森林大火的警讯
山火群发，点多面广
一周内十余起大火发飙。
长江漂来了重庆，漂来了山脉丘陵
城在山间山在城中道路曲折高低不平，
我曾被挤在马路中间，跌宕着想象。
重庆怎么变成一座城？
城里住着一群什么样的人？
我亲见，巴山夜雨能落到市井深处
再流进朝天门，嘉陵江孕育着
一座山城，一片峰峦，一群乐天的人
孕育着它们的性格和命运：
前行时只能向前，说话要大声
有啥说啥，不要拐弯，不要假斯文。
不吃麻辣烫？你干嘛来重庆？
不喝点烧酒？你咋个做男人？
重庆的人举重若轻
重庆小面筋道耐品
重庆的路高低曲折
重庆的摩托穿梭横行
重庆的柠檬酸甜鲜嫩
重庆的妹子漂亮超群……
一切都是天生

一切都是重庆人的命运：
背篓摩托还有棒棒妹子只能砥砺前行。
缙云山一山都是火啊！
火舌兴奋地颤动着，逼近山城
在号令之后，或者还没有听到号令
人们赶往缙云山：我能做些什么？
消防队员大声喝令：后退！后退！
那你们呢？你们为什么偏向火山行？
于是，就有了不需要动员的重庆人
还有背篓里的矿泉水、豆干、面包……
那背篓上有外婆的汗迹和温馨
它被宁静地安置在阳台一角
曾经的风霜雨雪也在背篓里存放
还有一年四季，花开花落，闪电雷鸣，
现在，是外婆最高兴的时刻
她的背篓，她们的背篓，重庆的背篓
正成为重庆男人和女人的盛装
正成为志愿者，向着缙云山集结
背篓里的那份心忧，如火如焚
背篓们联结的队伍，负重前行
此刻，永不退缩的是灭火人和背篓群……
入夜，天上的星星依旧安静地闪烁
月亮挂在火光吞没中的山林
对于人间的灾难

《山火扑救志愿者》　　国画 / 钟毅

夜空看似冷眼相向，其实忧心万分：
白云和乌云不甘地来回穿越
星月高悬，不肯离去，它们要为
那一条崎岖的背篓之路
多送去一点光明，多送去一片
星光月色洒落时的温情。
火焰中的消防队员需要水，
火灼烤他们的皮肉，皮肉中的水分
他们渴，他们扑火挖沟，筋疲力尽，
背篓里有水，背篓在艰难行进
通往山顶火场的路崎岖、陡峭

他们手脚并用爬过七十度高坡的山顶
他们甚至只见火光看不清灭火人
顺风卷来的火焰把山烧灼成熔炉
人渴、消防服渴、灭火器也渴
志愿者送上水，救命的水
大口喝水，血管里重新浪涛滚滚，
泼到身上，一瞬间成了水汽烟云……
为人与山降温，需要更多的水
只有越野摩托车才能更快冲到山顶：
火情就是命令，刹那间
重庆车灯闪烁，重庆马达轰鸣。

情满缙云山

骑士之歌

来了！来了！重庆的骑士
从大街小巷里飞驰而出的爱车
满载着飞驰的爱心
不要问我冲向火场昼夜无眠的理由
那是我的家乡，我心中永远的风景
不到第一线，不向火山行，
我们就是不肖子孙！
谁也不认识谁，谁都争抢着风险
谁都叮嘱旁人：山路弯折，小心！
当西方的骑士和长矛早已成为历史
21世纪的骑士，今在何处？
答曰：在世界东方，在日出之地
一个文明古国的大江之滨
他们的名字叫：中国重庆人。
他叫龙麻子？还是龙骑兵？
他是个外卖员，自称是跑腿的
他二十出头，有青春年华的梦想
攒了三个月的跑腿钱
买得一辆心爱的二手越野摩托，
山上一着火，龙麻子便越野而至：
"我能做点什么？我有摩托。"
龙麻子背起装满水和食品的大背篓，
冲向山顶，摩托车颤抖着轰鸣声
临时开出的小路，残留着颠簸嶙峋土坑
龙麻子摔倒了，眼冒金星，爬起
他和他的车嘶叫着继续向上，向着
热焰腾腾处，火势顺风扑面处
向着消防员们凤凰涅槃处；

那里没有胆怯，只有豪情
那里没有利益，只有使命
那里没有自己，只有他人，
那是灾难之地，甚或是牺牲之地
那里又是美好之地，圣洁之地
那里充满着友爱，互助
那里找不见半点私心
在没有路的路上，连接着呼啸着
一辆又一辆摩托车，他们都是龙麻子
他们攀登在一种说不清的境界中；
愈接近火场，愈接近扑火人
那感觉愈分明：灼痛，钻心的灼痛
走近从火场扑出来的勇士身边
递过矿泉水，一瓶又一瓶的矿泉水
"兄弟，你是从云南过来的吗？你叫啥？"
"谢谢你，谢谢重庆人，我叫中国武警！"
龙麻子们把山上的火光、灭火者的神勇
连同缙云山岩石的呻吟，在刹那间
传送到山城摩托越野群
顿时，更多的摩托车队，风驰电掣
从重庆的四面八方冲到山下集结点：
"装起！再加！"他们的背篓满满当当
他们背着油锯、灭火器和生活用品
上山下山，摔倒了爬起，爬起再前行，

因为责任的担当，也仿佛是林火的诱惑
诱惑你和它"掰手腕"
诱惑你发动从未有过的速度与激情

诱惑你践行踔厉奋发的大无畏精神
诱惑你用血肉之躯与山火对话：
不是我退你进，就是你退我进
你必须退我必须进！
把一分一秒都用双手攥紧，在骑士眼里
时间不是金钱，时间就是生命
山的生命城的生命父母和娃娃的生命！
雄起！雄起！他们如英雄一般
在火的边缘，在悬崖边缘，在生死边缘
来回驰骋，势不可挡，威风凛凛。
魏松涛是汽修店主，"还修什么车？"
关门！四天往返火场，妻子一路陪伴
陪他说话，陪他提神，陪他摔倒；
四十摄氏度高温，车乏人困
龙麻子想打个盹，"不行！"
他自己命令自己。喝半瓶水
再用半瓶水浇在头顶，
挖掘机正等着他们车上的钢筋
他们把自己也熬成了"钢筋"
这些"爆参子"——重庆百姓眼中
闯劲满满却也莽撞的年轻人
在没有路的路上，一点一点爬升
他们的攀登是另一种攀登
是轰轰烈烈，也是清澈宁静；
他们和灭火战士一起
筑起了我们新的长城。

当山顶火光熄灭残烟四散
如凤凰涅槃，它是重庆的光明顶。
摩托车破烂了，摩托车手回家了
明天去修车，该干啥干啥
让背篓也稍事消停，它们不是物品
它们是活着的生命，
龙麻子大吼一声，震惊山城
"重庆赢了！回家睡觉！"
油锯手说
我1989年出生于安徽，叫黄佳琦，
我不是重庆人，连重庆话也说不利索

▎《烈火骑士》
　雕塑 / 唐中国

我在缙云山下生活了十二年
十二年花开花落，十二年巴山夜雨
缙云山已经是我的山
重庆已经是我的重庆。
我开车疾驰一路狂奔到山下
第一回做志愿者
不知道怎样报名？
这时有一个高个儿在大喇叭里喊话：
"会用油锯的集合，上山砍树
紧急修建防火隔离带！"
我冲向前去："我是油锯手！"
我领得一把油锯，一份荣誉和神圣
我记得那种44摄氏度高温下的期待
每当一组摩托出发
便有一阵欢呼声为壮士送行；
直到我也跨上了一辆摩托车
坐在一个陌生人的背后，他让我抱紧
我在欢呼声中冲向浓烟，
我分在七组，有一个老外，共十三人
都是陌生人，生死与共的陌生人
此时此刻，用不着定义陌生和亲近
感受到的是人心火热，相爱相亲，
我们把燃烧的树枝搬走
再扛着油锯，爬过一个又一个阶梯
爬向更高的山顶
爬山耗尽了我所有的体力
我会用电锯，面对油锯束手无策
我为了扑火而做了冒牌的油锯手
两天没有锯断过一棵树
我在羞愧中一声不吭

扛起断木树干，推向悬崖
我用尽全力，仍然羞愤难当
周围的油锯手们都在锯树都在拼命
"根本没有人管我在干什么"。
但，"生平第一次我真正感受到了
身在集体中的快乐"！
都是灰头土脸的云南甘肃重庆人
还有拍马而来的一个陕西娃
现在他们都是重庆人
我锯不了树便用尽剩的力气干杂活，
还拍下了火与灭火者的身影——
那些解放军那些油锯手那些陌生人，
我又在电脑上袒露心声：
"山火中，一个不怎么光彩的油锯手"，
叙述了生与死，叙述了火与人
叙述了一个人面对灾难，
怎样找到确切的位置：与奋勇者一起
站在大火的对立面，阻挡它的前进！
一面是火墙，一面是人墙
两天没有锯断一棵树，但
"我也是人墙里的一块砖"，
砌在一起，垒在一起，连同背篓摩托车
刀斧灭火器和油锯
"个体，在这堵墙里消失了"
从此成为永恒！
我用大火中拍下的火光烟雾人影
追寻生死与共的战友：
哪怕在评论区留下一言半语
"把你的故事说出来
让更多人看见这堵人墙里的一块砖"

我首先想起拿大喇叭喊叫的大高个：
"我们要安全上山，安全下山！"
周围的志愿者一片吼声："好！"
大高个看到文章，现身了：
"我就是你说的拿着喇叭喊的大高个"
他也是志愿者，嗓门大个子高
天塌高个儿顶，他便顶上了。
他聚拢三四百名志愿者和背篓
摩托车，井井有条发号施令
像一个指挥过千军万马的将军。
我收到了1400多条留言
所有的开头千篇一律：
"我是""我也是"直白且毫无韵味
却是巴山上或已消失的脚印，以及
永不消逝的与山火搏斗的场景
是战士的集合自发的豪情生命的咏叹：
"我也是油锯手"
"我是你们七组多出来到八组的"
"油锯七队小组长是我先生"
"我是摩托车队的一员"
"我是医疗点的那个医生"
"我是不收钱的出租车司机"
"我是女生，不许上山非典型搬运人员"
"我是专门送水的"
"我送去了重庆妈妈做的冰糖冷饮"
"我是做盒饭回锅肉的厨子"
"我是在山下面帮忙的小姑娘"
"我是农民工"
"我是刚考上大学的学生"……
我还期待着一个威猛的大叔

爬大树用双手扑灭树梢火势的军人
希望得到他一个最简短的回应，
爬树大叔说："一朝从军，终身为兵
革命战士一块砖，哪里需要哪里搬！"
"我是"
"我是"
"我是"
"我是"……
环境使语言改变了执拗的特征
接踵而来的"我是"成为诗行
成为直击污浊与虚无的强音
他直白而诗意地告诉人们：
哪里有危险，哪里便有拯救
便有自助自救的重庆人
便有不需相识的陌生人
便有八方来援的中国人！
我要把大火与油锯手的信息
"提供一份存在过的佐证"
把相关消息检索一尽，打印裁剪，
把所有回复的纸条装裱成一幅画
"语言是存在的家"，我陶醉于
每一张纸条的言说，和它们的主人
我会想象关于他们的一切
工作爱情与家庭……
你的摩托修好了吗？
你的骨折接上了吗？
你的太太临盆了吗？
你的老妈出院了吗？
你的大学开学了吗？
你的茶馆开门了吗？

情满缙云山

当宁静的夜晚
新月如钩，挂着我的思念
满月似镜，映出我的亲朋
"寂静并非单纯的无声"

我们对话，我们回忆
在月下，在江滨，人相望，声相闻：
我们是万里长城一块砖
我们是重庆人！我们是中国人！

送 别

一段航拍的重庆山火与灭火人群
在中国、在世界传布
上千名志愿者的头灯
连接成一条蓝色的光带
与火海坦然相对。
山上是森林，没有灯光
战士们用铁锹、斧头，在志愿者
头灯的光照下，挖出一条隔离带
挡住了火势；
无人机拍下了黑的夜空、红的火焰
奋斗在第一线的扑火人，以及
闪烁光明无所畏惧的头灯，
两次转发这些图片的华春莹
让世界为之惊叹：
这就是中国！这就是重庆！
山火熄灭了，山城安全了
飞车1500公里的驰援者们
要回家了
战士们说："这是一次最艰难的撤离"。
重庆不舍我们，我们不舍重庆
想多看一眼和我们并肩的志愿者
摩托车手油锯手背篓客

他们的可爱使人吃惊：
从来都是看见大火往后跑
生生往火里冲，拉也拉不住的
是重庆人，重庆崽，重庆的年轻人；
给山顶送水，送冰水的背篓和摩托
它们肩负着一个城的使命
当大火要烤干灭火者最后一滴水分时
背篓来了，摩托车来了，冰水来了，
"我们和重庆人一起救火
重庆人送的水延续了我们的生命"……
"啥子话？没得你们救火
连重庆都没得命"！
万人空巷，扶老携幼，涌到马路上，
提着鸡蛋水果食品各种小吃
所有重庆好吃的
除了火锅都搬到了大街上
围住了撤离的车队：
重庆人说：要不收下，收下重庆的心；
要不留下，做重庆金龟婿……
汽车被困在别样热潮中，寸步难行
本想悄悄离开的车队停下了
握手、话别，再摆下"龙门阵"

此情此景,"倾国倾城"。
泪水涌出来了,泪水发出声了
眼泪落满山城路
一滴一片云,一滴一阵雨
一滴一声雷,一滴一个坑。
世界说:"这是中国独有的场景",
重庆人说:"啷个办嘛!焦人啊!
他们要走了。"
山城街道上铺陈着十指连心
铺陈着骨肉情深。

是夜江滨,秋风朗月,月下有歌吟:
短长亭,古今情,
楼外凉蟾一晕生,
雨余秋更清。
暮云平,暮山横,
几叶秋声和雁声,
行人不要听。

《光明日报》
(2022年9月23日 第14版)

《平凡的英雄》 油画 / 李一夫

重庆人

吕 进

山峰构成重庆的脊梁
江涛抒发重庆的豪情
从远古的巴国大步流星地走来
逢山开洞、遇水搭桥的重庆人
重庆人,现代中国的一道风景

也许重庆人的普通话并不太标准
重庆口音喊出的"雄起"却地动天惊
不服输的气度,不退缩的血性
侠气的女子,豪气的男儿
哪里有灾难,哪里就会手拉手自动结成坚不可摧的长城

也许重庆人做事稍嫌鲁莽
重庆人的义气,重庆人的耿直却会感动千千万万颗心
极端高温下有满面汗水
满面汗水下有负重自强的坚韧

2022年8月火一样的重庆
多少故事在流传,多少热泪在飞奔
江湖人间的一股英雄气
烈火前挺立的缙云山又做了一次见证

我们用泪水拥抱你

晓 佳

儿子
你的背影在八月的目光里
变得彤红
我们远远地
站在你们身后,用骄傲
拥抱你

我们的家园
我们共同的根
我们的快乐和苦难
都在烈火中
永生

儿子
你的汗水浸透了八月的野蛮
让瘴气变得温柔
我们坚强地
站在你们身后,用泪水
拥抱你

为你降温
为你解渴
为你濯洗
睡梦之中,遮盖笑容的蒙尘

2022年8月26日晨,于北碚

■《逆行者》 水彩／涂强

《不一样的青春》 国画 / 孟瑞智

欢送英雄

江娃

虽然一切都将过去
但一切都已被定格
今天，重庆
想急于表达的
被巨大的热情之火熊熊照亮

无需说出不舍
更无需多言感动
你们早已被记住
连同，那炙热、那勇敢、那血性！

虽然叫不出你们的名字
但我们知道
你们是妈妈的好儿女
你们是百姓的强依仗
你们是一座城的荣光骄傲

我们忘不了
你们一呼百应
汇成比火焰还要火焰的悲壮
我们不会忘
你们对峙火魔用血肉身躯筑起人墙长城
我们不会忘
你们化身烈火战车拿命去奔风驰电掣

……

一切都将过去，一切都已被定格
历史会讲述你们英雄的事迹
和那时的血色天空、漫天尘土、烈火骄阳
我们此时只想镌刻
只想记住，只想歌颂

但我找不到最好的颂词，因为
美丽耀眼的火焰蓝、橄榄绿、志愿者红
它们本身就是颂歌
因为
你们就是颂歌

我们统统被这高昂的曲调磨亮了
亮出了烈火与血性大写的人字
亮出了一座城
亮出了人定胜天的雄起史诗
亮出了在所不辞的磅礴力量
亮出了战魂和奇迹
亮出了军民鱼水深情
亮出了一群人！

《浴火凤凰——中国北碚 2022》　雕塑 / 石富

一座城，在火中闪耀（节选）

月若初见

夜袭者

趁人们入睡。你游走森林
舔舐草木

从树根到树尖，从一棵树到另一棵树
烟雾掩护
你快速翻山越岭

凌空摆动庞大的身躯
狂饮绿色的汁液
你啃不动的，是山的骨头

它稳稳地立在那儿
——那是华夏儿女
守护一座山、一座城的
精神脊梁

《孤勇者》　水彩 / 龙胜波

消防战士

一场大火
模糊了白天与黑夜的界线

火的边缘。一群战士用血肉之躯
筑起移动的防火隔离带

一支支沉重的消防枪
举在手上,扛在肩上

火,给了你们黝黑的妆容
煤一样的光和能量

一股股力量的水流
八方汇聚,磅礴喷涌

朦胧中看见,这片土地
再一次绿意满山

挖机手

根治火症
必须给一座山实施解剖

陡峭山崖
你们用挖机的手术刀
切割出隔离带

五夜,又四天。绿色山林中
一道黄褐色的伤口

是一座山的疼,一座城的疼

也是一座城
在山火中彻底痊愈的希望

万物静默
天空含住雨滴,像含住泪水

《抢挖隔离带》　国画 / 唐楚孝

直升机

来自各个城市

一只只白鸟
在嘉陵江与缙云山间
穿梭

红色水桶,是它美丽的大脚

有时停在嘉陵江上
有时停在缙云山林

隆隆轰鸣声
成为一座山、一座城的福音

带来清江水,带来甘露

每次从办公窗前飞过,我们都会
情不自禁向它挥手,行注目礼

摩托骑士

山火,仿佛是号令

红色火炬
集结一群追风的少年

背篓,骑车手的荣耀
装载油锯、灭火器、砍刀、铁铲、矿泉水……

山路盘旋。沙石扑在脸上
吸进嘴里,鼻子里

为一群少年画出青春的荣妆
跌倒。爬起

上山下山,下山上山
乘着铁骑与火赛跑

突突轰鸣声,是他们青春火热的狂欢
一道道烟尘的彩虹,映照山林

志愿者

单位微信群——
我去,我去……

小区微信群——
我能提供这个……我在外地我要捐款……

社交微信群——
我在现场,这里需要……

微信群,一个个同心圆
拧结所有人的心

志愿者从四面八方赶来
油锯、灭火器、头灯、面罩、矿泉水……

汇成决战的山峰

骑行者在山间穿梭,转运物资
另一些人原地辅助或待命

像一只只蓄势待发的箭
随时瞄准,山中四处逃窜的猛虎

情满缙云山

《2022年8月.累了》 油画 / 魏克

以火灭火

守住隔离带，就是守住
一座山、一座城的生命线

从山下到山顶。头灯
闪耀如星辰

照亮城市的夜空，点亮数万双
黑暗中注视的眼睛

而志愿者的东风，一直在吹
从山下吹到山上，从隔离带吹向山林

迎头扑向山火，让它不再动弹的
是一簇簇消防智慧的火焰

它们红通通的，纯净明亮
像熟透的果实，挂满北碚的天空

《英雄》　数字插画 / 范炜

晚安，北碚！

郑劲松

鏖战四天五夜，火魔安息！
守住死灰 就是最后的胜利！
凯旋，还没到子夜
天空一颗星子，红着眼睛

知道这一刻终会到来
到来的这一刻，先来的是泪
雨，还在远方做客
没关系，今晚的北碚
下了一场静静的泪雨

是的，大谢无言，大爱无声，
绿水青山存证
巴山夜雨知恩
温泉故里留情
向所有扑火官兵
向所有志愿者致敬
四天五夜的速度与激情
大爱与担当，勇敢与智慧
每一个人都是英雄，是战士！
每一个人都是北碚人

突然宁静
我的北碚我的城
我的山，我的家，我的缙云
想写诗，只能写成这分行的日记
那，就这样语无伦次地说声吧——
北碚晚安，晚安北碚！
明天早上，火红的太阳会照样升起
但她一定会 温婉动人！

2022年8月25日夜23点40分速写

北碚人，北碚的守护神
——献给每一个平凡而有力的北碚人

骆 鹏

你长在李商隐抒情的小城
巴山夜雨涨满秋池
你长在卢作孚建设的小城
梧桐树覆盖中山路

你长在老舍和梁实秋描写过的小城
多鼠斋和雅舍飘过历史的风雨
你长在陪都的陪都
缙云如黛，嘉陵江水潺潺流过

你长在这不像主城的小城
骑着摩托车过着桀骜不驯的青春
有时你穿过小城
背上驮着一家人的希望和柴米

今夏，你终于上了热搜
留守在全国最热的小城见证历史极值
你是城中一个平凡的人

但今天，我要叫你一声勇士
你骑着摩托冲上火山的样子真的好帅
今天，我要叫你一声英雄
尽管你从没上过战场
但硝烟中，我看到了你英雄的样子

芜杂的公务，焦虑的生活
调皮的儿女，难缠的日子

谁不曾这样呢？
但今天
你把这一切放下
选择以向前的姿态奔赴
像从来没有负担一样义无反顾

今天，你代表一个小城的精神
像黄葛树长在岩石缝里攀援不屈
烈火炙烤，烤不化你的与子同袍
45度高温，高不过你100度的勇气

虎头山在燃烧，澄江火又起
浓烟中有清澈的家乡——
那么多的松树和樟树
那么多的庄稼和民房
那么多熟悉和陌生的面孔
还有那些叫不出名字的兄弟和姨娘

昨天还在飙车的你
今天就骑上摩托冲进了上山的小道
昨天还在天生市场抱怨日子艰难的你
今天就把货物放在了捐赠点

还有社区的你
跑团的你
师生群里的你

志愿者的你
为了这座深爱的小城
全都成了北碚的守护神

哪怕是一箱水呢
哪怕是一双手呢
哪怕是一个电筒呢
哪怕是一个铁耙呢
多一点物资守护一分希望
多一个人守护一份力量

北碚的北，是背靠背的北呀
北碚的碚，是被你感动的碚呀

今天，我无比热爱这座小城
每个北碚人，都是这座城市的守护神
像江岸守护鱼群，像春风守护大地
守护它的美好，更爱守护人的朴素和坚强

2022 年 8 月 24 日

《碚城骑士》　　叶雕 / 黄继琳

《灭火》 国画/陈鹏程

山火中的逆行者（组章）

蒋登科

题记：2022年8月21日22时30分左右，因为连晴高温，重庆市北碚区歇马街道虎头山突发山火，情况危急。虎头山属于缙云山国家级自然保护区的外围山地，山高林茂，地势陡峭，灭火难度很大。消防人员、应急人员、军人、武警官兵、志愿者、普通市民通过各种方式积极参与到灭火战斗中。

火灾刺痛了每个人

这里是虎头山，是缙云山的一段。

这里有松涛、鸟鸣、花香；这里有繁星、皓月、远方。

这里有田园、农舍、清泉；这里有鸡鸣、鸭叫、犬吠。

虎头山耸立在都市的边缘，送来清凉山风，送来满目翠绿。

虎头山是北碚人春天的乐园，周末的登高休闲之地。

高温中的火星不知来自何方，在干燥的山林里燃起了熊熊大火。

火焰很高，浓烟滚滚，震惊了北碚，震惊了重庆，震惊了每一个热爱山水的人。

毕毕剥剥燃烧的山火，如尖刀刺痛了每个人的心。他们对着远山，对着浓烟，对着屏幕，叹息，祈福。

飘荡在半空的浓烟，窒息了每个人，浓烟好像灌进了人们的喉咙，熏黑了我们干净的想望。

碧蓝碧蓝的天空，被黑烟污染了一大片，被烈火烤焦了一大片。我们的心在战栗！

那里是树啊，长了几十年、几百年的树，长了几代人的树，装载着童年欢笑的树，带给我们绿荫和清新的树，在高温下已经被烤得枯黄的树，怎能经得起大火的焚烧。

在众多的微信群里，我听到了奔走相告，听到了哭泣的声音，见到了集结令，人们在深夜聚集，从夜晚到白天，再从白天到夜晚，似乎都只有一个声音：保卫缙云山，保卫绿色，保卫我们的家园！

《无名英雄》 国画 / 王跃

烈火考验的雄姿

身旁是熊熊烈火,它焚烧着枯枝、落叶,从地面到树梢,从一棵树到另一棵树,从一片山到另一片山。它像劫匪,像歹徒,更像是落进山林的火球,人们要阻止它的蔓延,用灭火器、铁铲、镰刀,还有血肉之躯。

凶猛的烈火炙烤着每一个靠近它的人,从黄皮肤变成红皮肤,再变成黑皮肤,手上烤出了水泡,脚上磨出了水泡,嘴唇干出了裂纹,连声音都是嘶哑的,喉咙里满是烟气的印痕。

山火是不分昼夜的。夜晚的山风更助长了它的气势。人们也就只有昼夜和它战斗。一批批退下来,一批批跟着冲上去。

在每一个临时休息点,我见到了消防队员、武警官兵、解放军战士,还有穿着马甲的志愿者,有些甚至是满脸稚嫩的孩子。他们的衣服已看不清颜色,他们的脸上全是烟尘。

他们都躺下了,靠在路边,靠在树上,靠在车旁⋯⋯

没有人去打搅他们。他们太累了，身心俱疲！

横七竖八躺着的人们，恰似一道亮丽的风景。他们躺着的样子，也像是顶天伫立。他们的嘴角偶尔泛起微笑，肯定是梦见了爸爸妈妈，或者爱人孩子，也可能是大火扑灭的消息！

让他们就着山风的清凉好好睡一觉吧，凶猛的山火还等着他们重新走上战场！

志愿者备好了洗脸水、矿泉水、方便面、藿香正气液、消毒液、创可贴……等他们站起来，又是一群铮铮的汉子！

摩托大军

只是在微信群里传出了一条消息：需要摩托车运输人员和物资。

四面八方的摩托车就汇聚到山下的集结地，五辆、十辆、几百辆……

我从来没有见过这么浩大的摩托车队伍，从来没有见到过这么多摩托车品牌，从来没有见过一条信息有这么大的威力。

这是四五十度的山道，这是弯多路窄的山道，这是刚刚开挖出来的便道，摩托车一辆接着一辆，上山、下山，轰鸣声响彻山野，甚至压住了烈火爆燃的声音。

缭绕在山路上的轰鸣声，倒是像一支雄壮的乐曲，吸引着山上山下的目光，敲击着每个人的耳膜。他们是在奔赴战场啊，不是刀山，是火海，他们知道前方就是危险，但他们没有退缩。

背上是背篓，是背袋，装着战场上急需的油锯、灭火器、矿泉水、砍刀、铁铲……摔倒了，爬起来继续；疲倦了，用凉水浇一下头；来来往往的摩托车，扬起的尘土，遮住了他们的身影，沉积头上、脸上、身上，我们甚至看不清他们的样子，只有他们的眼睛是明亮的，寻找着需要再次完成的任务。

这满身的尘土，飞扬的尘埃，在平常会遭人唾骂的尘土，在缙云山的山道上，却是吸引眼球的目标，像一幅绘制在大山之间的美丽油画。

我讨厌城市的噪声，此刻却爱上了摩托车的轰鸣！

情满缙云山　　157

▎《山火中的逆行者》 水彩 / 梁惠

远望隔离带

这是美丽缙云山的一道深深的伤痕!

从山脚到山顶,再翻过山脊,延伸到没有树木的地方!

我看见大树被伐倒了,看见小树被挖断了;我看见了泥土的颜色,看见了大地的颜色。

砍树的人,开路的人,他们也心痛啊,一片片翠绿变成了满是尘土的荒道。

但是,心痛也要砍、心碎也要挖啊!他们是在用毅力战胜自己!

没有道路的山野,不曾留下人类的足迹,多么美好的地方啊!而此刻,他们必须挖开一条路，隔断烈火的炙烤！

轮流上岗，昼夜坚守，挖掘机和砍刀，一起战斗在这片土地上，从山脚爬升到山顶。站在山顶回望，既欣慰，又痛苦。他们做了一件不愿做又不得不做的事情。

疲倦了，躺在路边稍微休息；饥饿了，就着矿泉水吃一袋干粮。

五六十度的山坡，密密生长的森林，在挖掘机的轰鸣中，变成了一条几十米宽的通道。这是隔离带，是阻断山火的防护墙！

我要收藏好这张令人心痛又震撼的照片，待到满山翠绿时，再慢慢回味浸润在这片土地上的汗水、泪水、欣慰、无奈！

小区微信群

这是小区业主的微信群，满满的五百人，有时静默，有时热闹，有时甚至因为一些小事争来争去。

虎头山发生山火的消息有如一颗炸弹，在群里激起了所有人的关注。

东家长西家短的信息没有了，争执没有了，有的只是对山火的关切，只是力量的聚集。

灭火前线的信息不断传来，物资、人员的需求信息不断传来，灭火进度的消息不断传来……我在这里听到了遗憾、惋惜，我甚至听到了留言中的哭泣声。

在这个虚拟的世界里，我却见到了现实中的行动。有摩托车的人直接去了前线搬运物资，身强体壮的人到了火场扑打山火或者开挖隔离带，更多的人在募集物资：油锯、矿泉水、灭火器、十滴水、消防面罩、头灯……短短的时间就装满了一车又一车。有人发起了募捐，五十、一百、二百、五百，凑起来就是一万，三万，五万……滴水成河，为灭火的人们送去清凉和慰藉。

我在视频、照片里见到了我的朋友、同事、学生，见到了西南大学的众多熟悉的身影。他们或许衣衫不整，或许汗流浃背，或许气喘吁吁，或许疲惫不堪，但我从他们的眸子里读到了坚毅，读到了奉献，读到了热爱，读到了离开讲台之后的另一种形象……

这是多好的微信群啊，它的名字叫"学府"，满是温暖，满是关爱，满是热心，满是奉献……

夜晚，在运动场外眺望

头顶响起了直升机的声音，挂着吊桶，一趟一趟地从水源地飞往灭火现场。在蓝天

《决战缙云之巅》　国画 / 唐楚孝

的映衬之下，旋转的机翼反射出耀眼的光芒。

太远了，太高了，我无法向飞机上的人们打招呼，只能默默地注视着，算是注目礼。

学校曾发布消息，为了协助扑灭山火，两个运动场将作为直升机的临时加油站和停机坪，希望师生理解和支持！这也太客气了，我听到的是西南大学的师生一致支持的声音！我听到了他们兴奋、激动，听到了他们的信心和勇气：飞机参与，胜利在望！

黄昏时分，我走在有些昏暗的校园里，路上落满了枯叶，小草在火热的气温中煎熬。这是一个不同寻常的年份，崇德湖没有蛙鸣，荷花还没有盛开就已经枯萎，大树下缺乏凉意，只有一股热气，从脚下慢慢升腾。

运动场里的灯光并不明亮,但我还是围着它转了一圈,我见到劳累之后的直升机静静地停靠在运动场的中央,甚至看不清什么颜色,只是高悬的机翼在远处灯光的映照下若隐若现。

　　我知道飞机上没有人,但我依然默默注视,向飞机和驾驶飞机的人们,致以我的敬意!明天早上,它们和他们还将飞向火场,洒下拯救大山的清水。那是灭火的水,也是救命的水!

2022年8月24日,草于重庆之北

《致敬英雄战队》
国画 / 侯兴波

后 记

北碚"8·21"山火发生后，立即受到各界人士的关注、关心，火情的发展、救援过程都牵动着众多人的心，很多人还投身于灭火一线，为山火的救援贡献了自己的力量。在短短几天时间里，作为救援主体的专业救援力量始终坚守灭火一线，难以统计的北碚人自发参与其中，北碚之外的大量志愿者远赴北碚参与救援支持，使山火很快被扑灭。在《人民日报》《光明日报》《中国青年报》《重庆日报》和中央电视台、重庆电视台、学习强国等众多媒体的关注下，在大量优秀自媒体的参与下，与北碚"8·21"山火救援工作相关的视频、报道、文艺作品传遍了全国、全世界，体现了中国人民热爱家乡、关注生态、团结协作、甘于奉献、不畏艰险、临危不惧、知恩图报的优良品质。

为了记录这次山火的救援情况，表达对所有参与救援的人们的感激，中共重庆市北碚区委宣传部组织编写了这部图文并茂的图书。本书编写由西南大学出版社提出选题，杨毅、张发钧、李远毅、蒋登科、周松等多次参与北碚区委宣传部组织召开的策划活动，提出并确定了书稿的编写体例。本书的编写由重庆市北碚区作家协会具体执行，蒋登科、郑劲松、秦俭、雷刚、张昊等负责书稿的书写、修改，吴祥鸿、徐庆兰、邓慧负责图片资料的整理、选择。北碚区委宣传部对书稿的文字、图片等进行了认真审核。我们对大家的付出表示深深的感谢。

在本书的编写过程中，相关媒体、相关部门、消防人员、志愿者和关注山火救援的作家、诗人、摄影家、美术家、普通市民等都给予大力支持。书中使用了大量的文字及图片资料，均由专业的摄影者、记者和志愿者、市民直接或间接提供，许多诗文来自众多媒体，感谢他们用心记录下来这些珍贵资料，也烦请版权方与我们联系。

本书的编写出版时间紧，任务重，再加上水平有限，资料零散等原因，书中肯定还存在很多不完善的地方，希望广大读者批评指正。

编者
2022 年 10 月 5 日

图书在版编目（CIP）数据

缙云之巅：“8·21”北碚山火扑灭记 / 中共重庆市北碚区委宣传部编. -- 重庆：西南大学出版社，2023.1（2023.3 重印）
ISBN 978-7-5697-1737-2

Ⅰ.①缙… Ⅱ.①中… Ⅲ.①森林火 - 灭火 - 救援 - 工作人员 - 先进事迹 - 北碚区 - 2022 - 摄影集 Ⅳ.①K826.3-64

中国国家版本馆 CIP 数据核字 (2023) 第 004126 号

缙云之巅
"8·21"北碚山火扑灭记
JINYUN ZHI DIAN
"8·21" BEIBEI SHANHUO PUMIE JI

中共重庆市北碚区委宣传部　编

项目策划：蒋登科　秦　俭
责任编辑：张　昊　邓　慧　徐庆兰
责任校对：秦　俭
封面摄影：周　瑄
装帧设计：张宇杰
出版发行：西南大学出版社（原西南师范大学出版社）
地　　址：重庆市北碚区天生路2号
邮　　编：400715
电　　话：（023）68860895
印　　刷：重庆新金雅迪艺术印刷有限公司
幅面尺寸：185 mm×250 mm
印　　张：11.25
字　　数：167千字
版　　次：2023年1月 第1版
印　　次：2023年3月 第3次印刷
书　　号：ISBN 978-7-5697-1737-2
定　　价：128.00 元（精装）

本书如有印装质量问题，请与我社市场营销部联系更换。
市场营销部电话：（023）68868624　68253705